AF201082

Córdoba

lieben lernen

*Der perfekte Reiseführer für einen unvergessli-
chen Aufenthalt in Córdoba inkl. Insider-Tipps,
Tipps zum Geldsparen und Packliste*

Anna Lehmann

✈ INHALT

Was Sie erwartet   1

Soy Córdobés   3

Mentalität und Atmosphäre   *3*

Die Sprache   *6*

Die Zeit   *7*

Herkunft und Immigration   *9*

Vor der Reise   11

Organisatorisches   *13*

Zur Ihrer Sicherheit   *16*

Was Sie außerdem brauchen ...   *18*

Die Anreise nach Córdoba   19

Der Luftweg   *20*

Der Landweg   *21*

Die Eisenbahn   *22*

Wichtiges zum Klima   25

Hotel, Hostel oder Hospedaje   29

Die klassische Übernachtung im Hotel   *29*

Für den kleinen Geldbeutel und das große Abenteuer   *30*

Weitere Hospedajes   *31*

Sicheres Fortbewegen 32

Busfahren 33

Taxi und/oder Remis 34

Aus Euro (€) mache Peso ($) 36

Geldwechseln bei der Ankunft 38

Geld abheben 41

Internationaler Bargeldtransfer 41

Mit Bekannten Geld wechseln 42

Bezahlen 42

In Euro bezahlen 43

Rückreise 43

Historische Wurzeln der Stadt 45

Gründung 46

Aufbau der Stadt 47

Kolonialgeschichte 48

Jesuiten 49

Universität 51

Die Unabhängigkeit 52

Puntos Clave – Highlights 54

In der Stadt Córdoba 54

In der Provinz Córdoba 61

Kultur 65

Lomitos und Criollitos – köstliche Leckerbissen
                                  65

Die Cuarteto Musik   *69*

Nachtleben   *71*

Das Ende der Reise   77

   Souvenirs   *78*

Was Sie erwartet

Würde man versuchen, Argentinien auf seiner Fingerspitze zu balancieren, müsste man den Finger unter Córdoba anlegen. So wie der geometrische Schwerpunkt eines Dreiecks ist diese Region der geographische Mittelpunkt des Landes. Zwischen tropischem Wald im Norden und Gletschern im Süden, Weinanbau im Westen und Flachland im Osten liegt – ja, was liegt da denn? Eine Stadt, in der gelebt, geliebt und gearbeitet wird. Leben – das macht die Stadt aus. Denn auch, wenn viele Menschen von außerhalb die Stadt besuchen, so ist sie primär der Lebensmittelpunkt

ihrer Bewohner. Nicht so gigantisch (und abgeho-
ben) wie Buenos Aires, prägen ihre 1,2 Mio. Einwohner das Stadtbild mit vielen Facetten und Eigenheiten. Alle zu kennen und zu entdecken, ist nahezu unmöglich – selbst für die Cordobeser. Umso schöner,
wenn man im Vorhinein einige Hinweise bekommt,
wonach man Ausschau halten sollte, bevor man die
Stadt für sich zu entdecken beginnt.

„Córdoba lieben lernen" ist eine Zusammenstel-
lung der Erfahrungen unserer Autorin Anna, die dort
selbst für mehrere Monate gearbeitet – und gelebt –
hat. Angefangen bei den historischen Wurzeln – der
kolonialen Vergangenheit und späteren Unabhängigkeit –, weiter zu den Puntos Clave (dt. wichtigsten
Orte), die unbedingt besichtigt werden sollten, sowie den kulinarischen und musikalischen Besonderheiten, die die Cordobeser nicht missen wollen, sollen Einblicke in die Atmosphäre der Stadt und die
Mentalität der Bewohner gegeben und Lust auf mehr
erweckt werden. Abgerundet mit exklusiven Tipps
und hilfreichen Verweisen zu gemütlichen Über-
nachtungsmöglichkeiten und vielem mehr ist dieser
Ratgeber ein verlässlicher Begleiter auf Ihrer Reise
nach Córdoba.

Soy Córdobés

MENTALITÄT UND ATMOSPHÄRE

Soy Córdobes bedeutet auf Deutsch „Ich bin Cordobeser" und entstammt einem der bekanntesten Lieder von dem Cuarteto-Sänger Rodrigo. Das Lied handelt von den Cordobesern, ihren Eigenheiten und allem, worauf sie laut Rodrigo stolz sind. Da kommt eine Menge zusammen. Angefangen bei der Musikrichtung Cuarteto, die dort entstand und für die Córdoba im ganzen Land berühmt ist.

Das Lied macht Anspielungen auf die Universität, die in Südamerika einen hohen Ruf genießt, auf die durchgetanzten Nächte und den für Córdoba eigenen Dialekt. Es ist eine Liebeserklärung an seine

Heimat und wie eine Hymne für die Cordobeser. Die Kultur, das Essen, die Natur und einiges mehr: Neben den Cordobesern wächst auch vielen Reisenden diese Stadt mit all ihren Eigenheiten ans Herz.

Ein bisschen lockerer - aber nicht unverbindlich. Herzlich, interessiert und dem Leben zugewandt. In Córdoba mag einen das Gefühl überkommen, das Leben habe einen anderen Rhythmus, als wir es gewohnt sind. Menschen freuen sich über neue Gesichter und sind neugierig. Das Gefühl von Gastfreundschaft zieht sich durch die gesamte Stadt, was Reisende freuen dürfte. Aber was hat es mit dieser Stadt und ihren Bewohnern auf sich? Was macht sie so besonders, dass sie der ganzen Welt am liebsten „Soy Córdobés" entgegenrufen würden? Lassen Sie uns Schritt für Schritt vorantasten und diesem Geheimnis der Stadt auf den Grund gehen.

Die Córdobeser leben in einer Großstadt und interessieren sich dafür, was in der Welt vorgeht. Grundsätzlich fühlt man sich als Europäer willkommen. Sie fragen gerne nach, wenn sie etwas genauer wissen möchten. Das sollte Reisende nicht dazu verführen, eine leichte Arroganz oder sogar ein Überlegenheitsgefühl zu entwickeln. Das Wichtigste ist, den Córdobesern auf Augenhöhe zu begegnen. Für uns Europäer leben sie in einer Stadt, die sehr weit weg von allem ist und in einigen Aspekten mit unseren gewohnten Standards nicht mithalten kann. Hier haben Sie die Chance, einen anderen Blickwinkel auf das Leben einzunehmen.

Die Stadt ist sehr durchwachsen. Hier sind weltbekannte Unternehmen ansässig, genauso wie kleine, familienbetriebene Geschäfte. Es gibt moderne Wohngebiete, umzäunt und 24 Stunden bewacht, sowie Gegenden, an denen es einem schwer fallen mag, zu glauben, dass dort Familien leben. Auch in Córdoba treffen Arm und Reich aufeinander und das stärker als in Europa. Da sich die Armenviertel weniger in der Innenstadt oder an touristischen Orten befinden, werden Sie womöglich keines von ihnen betreten. Wahrscheinlicher ist es, dass Sie im Bus an einem vorbeifahren. Es gilt, auch diese Eindrücke mitzunehmen.

Egal, welcher sozioökonomischen Schicht man angehört, in Córdoba nimmt die Familie eine wichtige Rolle im Leben ein. Wenn noch unverheiratet, wird meistens bei der Familie gelebt. Die Familien sind groß und wenn Tanten, Onkel, Cousins und

Großeltern dazukommen, ähnelt ein Sonntagsessen schnell mal einem 40. Geburtstag. Die Cordobeser feiern gerne, egal ob mit der Familie oder mit Freunden. Deswegen wird dem Feiern in diesem Reiseführer ein ganzes Kapitel gewidmet.

Auch Studenten nehmen eine wichtige Rolle im öffentlichen Leben der Stadt ein. La Docta (dt. Die Gelehrte) ist eine weitere Bezeichnung für Córdoba. Die öffentliche Universität Córdoba ist die älteste Universität Argentiniens und zieht viele nationale und internationale Studenten an. Somit ist das Stadtbild stark von den jungen Menschen und der von ihnen vermittelten Weltoffenheit geprägt.

DIE SPRACHE

Gesprochen wird Spanisch. Besser gesagt: Castellano [kasteˈʎano], denn so wird das in Süd- und Mittelamerika gesprochene Spanisch genannt. Wie Rodrigo in seinem Lied andeutet, hat die Sprache der Cordobeser starken Wiedererkennungswert. „El acento cordobés" (dt. der cordobesische Dialekt) unterscheidet sich an der ein oder anderen Stelle von den Dialekten der anderen argentinischen Regionen, kurz: er ist stark. Wortendungen werden verschluckt, das „s" nur gehaucht und an einigen Stellen den Wörtern eine Melodie verliehen. Und dabei gilt das in Argentinien gesprochene Spanisch an sich als starker Dialekt. Die Cordobeser wandeln diesen noch mehr ab und verleihen ihm eine eigene Note. Wenn Sie Spanisch sprechen, werden Sie es auf jeden Fall einfacher haben, zurecht zu kommen. Dennoch dürfen Sie sich darauf freuen, eine neue Aussprache und einige neue Wörter kennen zu lernen.

DIE ZEIT

Die Uhrzeiten sind in Córdoba nicht dieselben wie in Deutschland. Dass 15 Uhr nicht immer 15 Uhr bedeutet, kennen Sie möglicherweise schon von Reisen in andere südliche Länder. Der Pünktlichkeit, wie wir sie gewohnt sind, müssen wir in Córdoba nicht hinterherjagen. Natürlich gucken die Menschen auf die Uhr und wenn wir eine Verabredung haben, werden wir nicht stundenlang warten gelassen - dennoch gibt es Unterschiede.

Angefangen bei der Siesta. Von etwa 14 bis 17 Uhr steht das öffentliche Leben weitestgehend still.

Kleinere Geschäfte schließen und auf den Straßen ist weniger los. Während Sie um 15 Uhr in Deutschland mitten im Tag stehen, sitzen sie in Córdoba eher auf dem Sofa oder liegen im Bett. Es bringt Nichts, sich zu ärgern, dass man gerade zu dieser Zeit etwas Dringendes aus dem Laden nebenan besorgen wollte und es nun nicht geht. Gehen Sie mit und gönnen Sie sich eine Pause vom Tag - so wie es Córdoba tut.

Wenn Sie im Sommer nach Córdoba reisen, werden Sie die Vorzüge der Siesta am eigenen Leib zu spüren bekommen. Es kann ziemlich heiß über den Tag werden. Gerade mittags zeigt die Sonne, was sie draufhat. Durch die Einhaltung der Siesta können Sie Ihren Kreislauf und sich vor einem Sonnenstich schützen.

Geheimtipp: Wenn Sie trotz der Siesta unterwegs sein möchten, sollten Sie sich im Vorhinein über die Öffnungszeiten informieren. Beispielsweise bleiben Einkaufszentren geöffnet. Zentral gelegen sind das Patio Olmos (Adresse: Av. Vélez Sarsfield 361, Córdoba) und das Nuevocentro (Adresse: Duarte Quirós 1400, Córdoba)

Für Reisende, die die Stadt auch gerne in der Nacht kennen lernen wollen, ist die Siesta eine sehnsüchtig erwartete Verschnaufpause, den fehlenden Schlaf nachzuholen.

Generell hört der Tag in Córdoba spät auf. Wenn erst um 21 Uhr mit der Familie zu Abend gegessen wird, ist so eine Zweiteilung des Tages recht sinnvoll. Lassen Sie die Atmosphäre der Stadt auf sich zukommen und nehmen Sie sich nicht zu viel vor. So bleibt ausreichend Zeit, auf die Impulse der Stadt einzugehen.

HERKUNFT UND IMMIGRATION

Argentinien ist das Land Südamerikas, in das die meiste Immigration aus Europa stattgefunden hat. Auch Córdoba ist keine Ausnahme. Viele der Cordobeser haben in ihrer Familie europäische Wurzeln. Bis ins 20. Jahrhundert war Einwanderung ein zentrales Thema. Inzwischen deuten meist nur noch die Nachnamen auf einen beispielsweise italienischen Familienhintergrund hin (von dem es in Córdoba viele gibt).

Aber: Inwieweit hat die Einwanderung das

Leben in der Stadt Córdoba geprägt? Es gibt keine Viertel, in denen hauptsächlich Migranten leben, wie es in anderen Städten der Fall ist. Heute ist die Bevölkerung gut durchmischt und die Nachkommen der europäischen Einwanderer aus der Zeit der großen Einwanderungen in der dritten Generation.

Geheimtipp: Das Dorf Villa General Belgrano liegt etwa 90 km von der Stadt entfernt und gilt als das „deutsche Dorf". Es wurde von deutschen Einwanderern gegründet und lässt durch seine Almhütten vergessen, dass man sich auf der Südhalbkugel befindet. Hier wird jedes Jahr das Oktoberfest gefeiert!

Vor der Reise

Nehmen wir einen Koffer mit oder reicht ein Rucksack? Ist unser Reisepass noch gültig? Wie viel Geld brauchen wir? Letzten Endes sind es meistens ähnliche Fragen, die man sich vor einer Reise in ein weit entferntes Land stellt. Je nachdem, ob man dort schon einmal war oder generell reiseerfahren ist, mögen die Antworten auf diese Fragen unterschiedlich ausfallen. Manchmal ist es aber auch einfach die persönliche Vorliebe, wie etwa bei der Frage, ob man mit Koffer oder Rucksack reist. Das wichtigste bleibt schließlich, dass Mann oder Frau sich wohlfühlt.

Das Minimum an Vorbereitung ist wohl, das Flugticket nach Argentinien zu buchen. Wenn Sie bereits vor Ihrer Reise durch diesen Ratgeber blättern, würde ich vermuten, dass Sie nicht zu dieser Gruppe Reisender gehören. Vielmehr scheint es Ihnen unter den Nägeln zu brennen, mehr über dieses einzigartige Reiseziel zu erfahren, um die Zeit dort bewusst zu gestalten. Es gibt viele Fragen, die man sich vor der Reise stellen kann, und einige, die man sich nicht stellen sollte. Zu den wichtigen Fragen möchte ich Ihnen auf der Basis eigener Erfahrung und ausführlicher Recherche Antworten geben. Diese sollen Ihnen helfen, in dieser doch fremden Stadt zurechtzukommen und anhand der zusammengestellten Tipps den Aufenthalt zu einer unvergesslichen Erfahrung zu machen.

Zu den Fragen, die Sie sich nicht stellen brauchen, zähle ich die Eindrücke, die Sie einfach auf sich zukommen lassen können. Sie müssen nicht jede Einzelheit über das Leben dort wissen, bevor Sie zum ersten Mal cordobesischen Boden betreten. Es wird Dinge geben, die Sie überraschen werden und für die Menschen dort zum Alltag gehören. Das sind die Details, die Sie selbst entdecken und die den

Aufenthalt zu Ihrem ganz persönlichen Erlebnis machen.

ORGANISATORISCHES

Aller Romantik zum Trotz muss vor der Reise ein gewisser organisatorischer Aufwand betrieben werden. Dieser dient nicht zuletzt Ihrer Sicherheit und dem reibungslosen Verlauf der Reise.

Einreisebestimmungen

Ein Aufenthalt bis zu drei Monate ist mit einem deutschen Reisepass ohne Visum möglich. Wenn Sie länger als drei Monate in dem Land bleiben möchten, sollten Sie sich mehrere Monate im Voraus über die Beantragung eines Visums informieren. So stellen Sie sicher, dass Sie die Beantragung des Visums rechtzeitig in die Wege leiten können.

Gesundheit

Zum Thema Gesundheit gehören eine ausreichende Auslandskrankenversicherung und die Vollständigkeit Ihrer Impfungen. Die Krankenversicherung sollten Sie in Ihrem Heimatland abschließen, da Sie im Vergleich zum Abschluss einer zusätzlichen Versicherung im Ausland enorme Kosten sparen können.

Nun zum zweiten wichtigen Punkt: Den Impfungen. Bereits drei Monate vor Ihrer Reise sollten Sie sich an Ihren Hausarzt wenden. Dieser Vorlauf ist notwendig, weil zwischen verschiedenen Impfungen bestimmte Zeiträume liegen müssen. Zum einen geht es darum, Impfungen aufzufrischen und zum anderen, fehlende Impfungen, die in Europa nicht verpflichtend sind, nachzuholen. Um ein Beispiel zu nennen, ist die Gelbfieberimpfung bei der Einreise nach Argentinien Pflicht.

Wichtige Dokumente

Wichtige Dokumente sollten Sie im Original mit auf die Reise nehmen, aber auch Kopien auf Papier und online (z.B. in einer Cloud gespeichert) verfügbar haben. Damit sichern Sie sich für den Fall ab, dass Ihnen ein wichtiges Dokument abhandenkommt. In solchen Ausnahmesituationen ist die deutsche Botschaft in Buenos Aires Ihr Ansprechpartner (Tel. +54 9 11 4778-2500).

Checkliste der wichtigsten Dokumente:

- Reisepass
- Personalausweis (vom Reisepass getrennt aufbewahren)
- Nachweis der Reisekrankenversicherung
- Studentenausweis (für ermäßigte Eintritte)
- Kreditkarte und Bargeld (dazu mehr in Aus Euro € mache Peso $)
- Kopien von Reisepass, Personalausweis, Studentenausweis, Impfpass
- Optional: internationaler Führerschein und Kopie davon

Für das Mitführen dieser Dokumente und weiterer Wertgegenstände ist eine Bauchtasche empfehlenswert.

ZUR IHRER SICHERHEIT

Das Thema Sicherheit nimmt eine zentrale Rolle im Alltag der Menschen in ganz Lateinamerika ein. Córdoba ist dabei keine Ausnahme. Wichtig ist, nicht vorauszusetzen, alles sei so wie zu Hause in Europa. Sie sollten vorsichtiger sein, aber auch keine Panik aufkommen lassen. Ich möchte an dieser Stelle einige Punkte aufführen, um nachvollziehbar zu machen, was ich mit „anders" meine.

Diebstähle

Diebstähle kommen in ganz Lateinamerika häufiger vor, als wir es vielleicht gewohnt sind. Das kann ebenso auf offener Straße passieren, wobei auch Einheimische nicht verschont bleiben. Deswegen der Tipp: Wertgegenstände (wichtige Dokumente, Handy, Schlüssel, Geld) dicht am Körper tragen. Das geht am besten mit einer Bauchtasche oder einem Geldgürtel.

Das richtige Maß an Vorsicht ist die beste Möglichkeit, Diebstählen aus dem Weg zu gehen. Das können Sie am besten erreichen, indem Sie sich als Opfer unattraktiv machen. In Ihrer Unterkunft können Sie sich informieren, welche Stadtteile als sicher gelten. Grundsätzlich ist es ratsam tagsüber, unterwegs zu sein. Manche Verhaltensweisen führen wir in unserem Alltag aus, ohne darüber nachzudenken. Es wird sehr wahrscheinlich Verhaltensweisen geben, die in Ihrem regulären Alltag unbedenklich sind, auf die Sie aber während der Reise lieber verzichten sollten.

Im Falle eines Diebstahls ist der beste Weg, keinen Widerstand zu leisten. Das wichtigste ist, dass Sie sich nicht gefährden. Wenn Sie sich gegen alles absichern wollen, besteht die Möglichkeit, ein wertloses Zweithandy und eine Geldbörse mit etwas Geld in einer Bauchtasche mit sich zu führen. Im Falle des Falles könnten Sie dies dem Dieb aushändigen.

Tipps zu Ihrer Sicherheit
- Handy und Wertgegenstände nicht sichtbar und nah am Körper tragen
- Auf die Umgebung achten
- Wertsachen nicht in einer Handtasche, sondern in einer Bauchtasche oder im Rucksack mit sich führen
- Sich mit den Betreibern der Unterkunft oder anderen Einheimischen austauschen

WAS SIE AUßERDEM BRAUCHEN ...

Hilfreich kann ein Adapter sein, weil sich die Steck-dosen in Argentinien von denen in Deutschland unterscheiden. Diesen sollten Sie bestenfalls vor der Reise besorgen, weil die günstigeren Varianten vor Ort weniger qualitativ sind. Dabei muss ich sagen, dass ich persönlich bisher keine Probleme hatte, meine „deutschen" Adapter und Netzstecker an die argentinischen Steckdosen anzuschließen, weil sie meistens für beide Anschlussarten kompatibel sind.

Für Aufenthalte in Hostels ist ein kleines, eige-nes Schloss hilfreich, um einen Spind zu benutzen.

Die Anreise nach Córdoba

Es gibt einige verschiedene Möglichkeiten aus Deutschland nach Córdoba zu reisen. Die beiden Möglichkeiten, die für die meisten in Frage kommen, sind das Flugzeug und der Bus.

DER LUFTWEG

Córdoba besitzt den Flughafen Aéropuerto Interna-
cional de Córdoba. Er wurde nach dem Ingenieur A.
Taravella bennant, wird aber im Allgemeinen als
Pajas Blancas bezeichnet. Die Flugverbindungen
sind entweder zu anderen argentinischen Städten o-
der zu Städten benachbarter Länder. Insofern ist
eine Anreise aus Deutschland ausschließlich mit
Zwischenstopp möglich.

Hierbei sollten Sie auf die Gepäckbestimmungen
bei argentinischen Inlandsflügen achten. Regulär haben Sie bei den Flügen der Aerolíneas Argentinas ein
Freigepäck von 15 kg plus 5 kg Handgepäck. Diese
Regelung kann also stark von der Gepäckbestim-
mung der Fluglinie, mit der Sie in Deutschland ge-
startet sind, abweichen. Vom Flughafen in die Stadt
können Sie den Aérobus, ein Uber oder ein Taxi bzw.
Remis der Firma Global Remises nehmen. Die reine
Fahrzeit beträgt etwa 30 min.

Der Aérobus verkehrt zwischen 5.20 Uhr und
0.20 Uhr und braucht 50 min in die Stadt. Der Bus
fährt alle 30-60 min los. Um diesen benutzen zu können, erwerben Sie vorher am Flughafen die Karte
RedBus, die Sie mit einem Guthaben aufladen

können. Das ist das Zahlungsmittel bei der Benutzung des öffentlichen Nahverkehrs. Mehr Informationen zur Karte RedBus finden Sie im Kapitel zum öffentlichen Nahverkehr.

DER LANDWEG

Auch viel genutzt sind in Argentinien Reisen per Bus. Wenn Sie vorher eine andere Region Argentiniens bereist haben, kann sich diese Möglichkeit als attraktive Variante zum Flug erweisen. Aber Achtung: Argentinien ist viel größer als Deutschland und die Entfernungen zwischen Städten viel weiter als gewohnt.

Die Strecke Buenos Aires - Córdoba dauert beispielsweise etwa 10 Stunden. Bei langen Busreisen würde ich deswegen das Buchen eines Sitzes in der Kategorie cama empfehlen. Im Gegensatz zu semi-cama, was einem Sitzplatz in einem Fernbus entspricht, wie wir ihn aus Deutschland kennen, bietet cama einen weitaus komfortableren und breiteren Sitz mit Beinablage.

Bei langen Busfahrten lohnt es sich, die Buchung des Sitzes als cama in Erwägung zu ziehen -

besonders wenn Sie nachts reisen und schlafen möchten. Teilweise werden sogar Mahlzeiten in den Bussen ausgeteilt. Das Ticket können Sie direkt an den Verkaufsstellen der Busunternehmen am Busbahnhof kaufen. Wer sich gerne vorher über die Abfahrtszeiten informieren oder sogar das Ticket buchen möchte, kann dies im Internet tun. Das ist auf den Websites der Busunternehmen oder alternativ auf https://www.omnilineas.com.ar/ möglich. Hier werden die Angebote aller Busunternehmen angezeigt. Wie lange die Busfahrt in Ihrem konkreten Fall dauern würde, sollten Sie bei der Planung bereits nachschauen.

DIE EISENBAHN

Auch eine Anreise mit dem Zug nach Córdoba ist möglich. Dieser verkehrt zwischen der Hauptstadt Buenos Aires und Córdoba mit Zwischenhalten in Campana, Zarate, Baradero, San Pedro, Rosario Sur, Rosario Norte, Cañada de Gómez, Marcos Juárez, Bell Ville und Villa María.

Jeweils montags und freitags fährt der Zug um 21 Uhr in Buenos Aires am Bahnhof Retiro los und kommt am folgenden Tag um etwa 16 Uhr in Córdoba an.

Die Fahrten von Córdoba zurück nach Buenos Aires finden ebenfalls an zwei Tagen in der Woche, donnerstags und sonntags, statt. Dabei gibt es die Möglichkeit, im Zug zu übernachten. Fahrkarten können an den Haltestellen Retiro Mitre, Rosario Norte, Villa María und Córdoba Mitre oder im Internet (https://webventas.sofse.gob.ar/) gekauft werden.

Beim Kauf wird immer nach dem Reisepass gefragt, da die Reisepassnummer auf dem Ticket vermerkt wird. Zusätzlich muss im Falle eines Kaufes im Internet ein Konto auf der Website angelegt werden.

Im Vergleich zur Bus- oder Flugverbindung beansprucht die Anreise mit dem Zug mit etwa 19 Stunden. Sie ist preisgünstiger als die per Bus, kann aber mit einigen low-cost Flügen nicht mithalten.

Wer sich entscheidet, mit dem Zug anzureisen, tut dies für die Erfahrung, einmal durch die Landschaften Argentiniens zu tuckeln.

Geheimtipp! Wenn Sie die Erfahrung einer Zugfahrt durch die Landschaft Córdobas nicht missen wollen, Ihnen die komplette Anreise aber zu lang ist, gibt es den Tren de las Sierras. Das ist ein Zug zwischen der Stadt Córdoba und dem Ort Cosquín, der im Bergland der Provinz Córdoba liegt. Zwischenhalte macht er zum Beispiel in La Calera, San Roque oder Santa María, die ebenfalls kleine sehenswerte Orte im Hochland sind. Fahrkarten gibt es in Córdoba an den Haltestellen Alta Córdoba oder Rodriguez del Busto und in Cosquín. Dreimal am Tag gibt es Fahrten in beide Richtungen. Von Anfang bis Ende sind mit etwa 2,5 Stunden Fahrtzeit zu rechnen.

Wichtiges zum Klima

Siebzehn Grad Celsius – so warm ist es in Córdoba im Jahresdurchschnitt. So warm wie an manchen Tagen im Sommer in Deutschland.

Dass die 17°- wie Zahlen es eben oft tun - nichts aussagen, werden Sie schnell herausfinden. Im Frühling nass, im Sommer trocken und im Winter weniger isoliert als man annehmen würde: darauf sollten Sie in Córdoba vorbereitet sein. Córdoba verfügt über ein trockenes, subtropisches Klima mit kühlen

Winden, die aus der Region Pampa kommen und ihren Ursprung in der Antarktis haben. Somit ist es
trotz der hohen Temperaturen angenehmer als in
der Hauptstadt Buenos Aires, die über eine höhere
Luftfeuchtigkeit verfügt. Da Córdoba im Gebirge
liegt, können die Temperaturen rapide über Nacht
abfallen. Eine gute Vorbereitung ist Pflicht - egal ob
beim Wandern oder beim Städtetrip.

Die Jahreszeiten unterscheiden sich von denen
in Europa, da Córdoba sich auf der Südhalbkugel befindet. Dezember bis März sind dort Sommermonate
und das lässt sich spüren. Die Temperaten gehen
hoch bis über 30° Durchschnittstemperatur. Besonders zur Mittagszeit machen sie einem zu schaffen,
wodurch auch die Cordobeser in dieser Zeit wenig
aktiv sind. Da auch das Treiben in der Stadt weitestgehend eingestellt wird, sollten Sie dies bei ihrer
Reiseplanung berücksichtigen. Die Region Córdoba
hat Einiges an Ausflugszielen zu bieten, die Ihr Inte-
resse wecken könnten. Zu diesen können Tagesausflüge oder Ausflüge mit Übernachtung unternom-
men werden. Wenn Sie hingegen einen Wanderur-
laub planen, kann das in den Sommermonaten eine
große Herausforderung sein. Es handelt sich bei der

Region Córdoba nicht um eine reine Waldregion. Dadurch gibt es keinen Schutz vor der prallen Sonne. Trotz der Hitze ist es vorteilhaft, dass es sich um eine trockene Hitze handelt. Im Falle einer hohen Luftfeuchtigkeit würden die Temperaturen als noch störender empfunden werden.

Ab April kühlen die Temperaturen ab, bis im Juli und August die Temperaturen am niedrigsten sind. Nachts können sich die Temperaturen auch in der Stadt dem Nullpunkt nähern, wobei dieser selten unterschritten wird. Warme Anziehsachen mitzuführen, ist Pflicht. Diese werden Sie abends oder bei Unternehmungen in der freien Natur brauchen. Besonders bei Wanderungen besteht die Möglichkeit, dass sich die Sonne zeigt. Aus diesem Grund sollten Sie ihren Kopf ausreichend schützen können, wenn es darauf ankommt. Allgemein ist es in dieser Zeit angenehm, Córdoba zu bereisen.

Achtung Niederschlag: Wenn es in Córdoba regnet, dann richtig. Nieselregen ist eher selten. Falls es während Ihres Aufenthalts zu starkem Regen kommt, hilft wirklich nur, abzuwarten, bis es vorbei ist. Auch wenn es mal mehrere Tage am Stück starken Regen gibt, wird er eher selten eine ganze

Woche anhalten. Sie werden sich fortbewegen können, aber wirklich die Stadt oder die Region zu besichtigen ist dann nicht möglich. Das Abwassersys-
tem kann zu viel Regenwasser auf einmal nicht ab-
transportieren und es kann zu fersenhoch überflute-
ten Straßen kommen. Am meisten Niederschlag gibt
es in den Monaten November bis März. Überwiegend
ist das Klima aber trocken.

Hotel, Hostel oder Hospedaje

DIE KLASSISCHE ÜBERNACHTUNG IM HOTEL

Sowohl in der Stadt als auch in der Provinz Córdoba gibt es viele Unterkünfte, sodass für jeden die Passende dabei ist.

Hier drei Hotels, die mich wirklich überzeugt haben:

Das Hotel Alto Parana würde ich als klassisches Hotel bezeichnet. Es bietet seinen Gästen einen eigenen Flughafenservice an. Die Lage ist zentral und optimaler Ausgangspunkt für einen Städtetrip. (Adresse: Parana 230, Córdoba)

Das Sascha Mistol Art Hotel ist ein Boutique-

Hotel und liegt in einem sanierten, über 100 Jahre alten Gebäude im Zentrum der Stadt. Die Zimmer sind individuell gestaltet und kunstvoll verziert. Der Garten besticht mit einem kleinen Pool. (Adresse: Rivera Indarte 237)

Das King David Flat Hotel liegt zentral und ist sowohl für private als auch geschäftliche Reisen geeignet. Das Highlight ist ganz klar die Dachterrasse mit einem kleinen Pool über den Dächern der Stadt. (Adresse: Av. General Paz 386)

FÜR DEN KLEINEN GELDBEUTEL UND DAS GROSSE ABENTEUER

Für Low-Cost-Reisen bieten sich natürlich Hostels an. Sie werden vor allem von jungen Reisenden benutzt und sind eine wunderbare Möglichkeit, andere Reiseliebhaber kennen zu lernen!

Das Hostel Alvear liegt in einem zentralen Altbau, der aufwendig mit Graffiti verziert wurde. Hervorzuheben ist seine offene Dachterrasse mit vielen Sitzmöglichkeiten, die zum Verweilen einlädt. (Adresse: Gral. Alvear 158, Córdoba)

Das Hostel Aldea ist ein mittelgroßes Hostel in

zentraler Lage. Es ist modern eingerichtet und verfügt über eine offene Terrasse mit Sitzbereich. (Adresse: Santa Rosa 447, Córdoba)

Onas Hostel und Suites liegt im Stadtteil Cerro de las Rosas. Diese Gegend ist ein attraktives Wohngebiet, das über eigene Ausgehmöglichkeiten verfügt. Das Zentrum kann mit dem Bus oder Taxi erreicht werden. Das Hostel ist außergewöhnlich und liebevoll eingerichtet. Es verfügt über einen Garten mit großem Pool. (Adresse: Av. Rafael Núñez 4264)

WEITERE HOSPEDAJES

Als weitere Hospedaje (dt. Unterkünfte) kommen Ferienwohnungen oder -häuser in Frage. Diese bieten sich erst bei längeren Aufenthalten in der Stadt an.

Sicheres Fortbewegen

Teilweise große Entfernungen machen es unmöglich, sich während des Aufenthaltes in der Stadt oder der Provinz Córdoba ausschließlich zu Fuß fortzubewegen. In diesem Fall muss entweder per Bus oder Taxi/Remis gereist werden.

Der öffentliche Personennahverkehr besteht ausschließlich aus dem Bussystem. Es gibt Buslinien, die innerhalb der Stadt verkehren, und solche, die in benachbarte Dörfer und Städte fahren. Zweiteres bietet sich für Tagesausflüge außerhalb der Stadt an.

BUSFAHREN

Omnibus, collectivo oder bondi - der Bus hat viele Namen in Córdoba. Zum Busfahren in der Innenstadt wird die Karte RedBus benötigt, die mit einem Guthaben aufgeladen werden kann. Sowohl die Karte als auch das Guthaben können in Kiosken überall in der Stadt erworben werden. Beim Einstieg in den Bus wird die Karte vor den Fahrkartenleser im Bus gehalten und das Guthaben für eine Fahrt abgebucht.

Es können mit einer Karte mehrere Fahrten bezahlt werden, dafür muss die Karte mehrmals vor den Fahrkartenleser gehalten und der ausgegebene Bon behalten werden. Bei der Buchung einer einzigen Fahrt wird kein Bon ausgegeben.

Die Busse fahren feste Strecken, verfügen aber teilweise über keine richtigen Bushaltestellen. An einigen Haltestellen weist nur eine Bemalung an einem Strommast darauf hin, welche Buslinie hier fährt. Dem Bus wird von den Wartenden ein Handzeichen gegeben, damit er anhält. Einen Busfahrplan zum Einsehen gibt es nicht. Beim Aussteigen wird gedrückt, aber die richtige Stelle zum Aussteigen muss erkannt oder erfragt werden. Eine Ansage der Bushaltestellen gibt es nicht.

Der Bus in die umliegenden Regionen der Stadt kann auch ohne RedBus Karte benutzt werden. Bezahlt wird hier bar beim Einsteigen. Die Haltestellen sind ebenfalls teilweise schwer erkenntlich und sollten bei Ortskundigen erfragt werden. Auch hier muss der Bus heran gewunken werden.

TAXI UND/ODER REMIS

Taxifahren ist verglichen zu Europa günstiger und gehört auch zum Alltag vieler Einheimischen dazu. Sie benutzen es überwiegend, wenn es keine direkte Verbindung per Bus gibt oder sie sich in der Nacht fortbewegen.

Wenn es dunkel ist, versuchen die meisten Cordobeser, Busfahren soweit es geht zu vermeiden. Zu dieser Zeit steigt nämlich das Risiko, überfallen zu werden. In Córdoba verkehren Taxen und Remises.

Der Unterschied ist, dass Taxen die Kunden auf der Straße einsammeln und den Tarif nach Fahrzeit berechnen. Das Remis kann außerdem von den Kunden bestellt werden und hat feste Preise für die zurückgelegte Entfernung.

Aus Euro (€) mache Peso ($)

Euro gegen Peso in Argentinien zu wechseln ist in der Regel nicht schwierig. Gerade eine Großstadt wie Córdoba bietet Ihnen mehrere Möglichkeiten dafür.

$ Achtung! Es wird dasselbe Zeichen wie für das US-Amerikanische Dollarzeichen benutzt, meint aber den Peso Argentino.

Den genauen Wechselkurs im Vorfeld zu kennen ist aufgrund der seit Jahren andauernden Inflation nahezu unmöglich. Gerade für uns Europäer mit einem sicheren Geldsystem ist das schwer nachvollziehbar. Die Inflationsrate ist seit 2013 von etwa 10% auf aktuell 50% (Stand April 2020) gestiegen.

Während Sie 2013 einen Euro gegen sieben Pesos eintauschen konnten, bekommen Sie heute das Zehnfache dafür.

Diese Inflation beunruhigt auch die Argentinier und trägt dazu bei, dass das Geldsparen in einer sichereren Währung wie Euro oder Dollar beliebt ist.

Tipp: Um trotzdem den Überblick über den aktuellen Wechselkurs zu behalten, sollten Sie unbedingt auf der Website xe.com nachsehen!

Einige dieser Hintergrundinformationen zu kennen, wird Ihnen den Umgang mit dem Peso und die Auswahl verlässlicher Wege, ihn zu erwerben (und natürlich auch auszugeben) erleichtern. So können Sie als Tourist das Risiko einer Fehleinschätzung oder schlimmstenfalls Betrugs so klein wie möglich halten.

Vor der Reise nach Argentinien sollten Sie sich überlegen, ob Sie Bargeld mit sich führen und in Peso wechseln oder per Karte an Bankautomaten Peso abheben möchten. In Córdoba ist beides möglich. Für die Anreise sollten Sie beachten, dass Sie Bargeld im Wert von maximal 10.000 € mit sich führen dürfen. Grundsätzlich empfehle ich, sich hauptsächlich auf das Bargeld zu verlassen und zusätzlich eine Kreditkarte mit sich zu führen.

GELDWECHSELN BEI DER ANKUNFT

Es kann sein, dass Sie direkt in Córdoba mit dem Flugzeug landen oder aber vorher schon andere Orte in Argentinien bereist haben. Sollten Sie hier erstmals in Argentinien landen, werden Sie mit großer Wahrscheinlichkeit direkt am Flughafen Peso erwerben müssen.

Ich habe selbst die Erfahrung gemacht, dass es schwierig ist, in Deutschland Wechselbüros zu finden, die den Peso anbieten. Auch wenn Sie sich als Tourist unvorbereitet fühlen, keinen einzigen Peso in der Tasche bei Ihrer Anreise zu haben, brauchen

Sie sich davon nicht beunruhigen zu lassen. Denn das wird mit Sicherheit nicht lange so bleiben!

Tipp: Decken Sie sich bei der Ankunft nicht mit Pesos für den ganzen Urlaub ein! Sich gleich bei der Ankunft mit genügend Peso für die gesamte Reise einzudecken, hört sich praktisch an - ist aber nicht empfehlenswert. Sie sollten Peso immer nach Bedarf erwerben.

Das hat mehrere Gründe. Einer davon ist der unzuverlässige Wechselkurs. Der Euro ist wertvoller. Ein weiterer Grund, nicht zu viele Pesos bei sich zu tragen, ist die Unhandlichkeit. Wenn aus 10€ plötzlich 700$ werden, ist es einfach viel Papier, das Sie mit sich tragen müssen!

Und damit wären wir auch schon bei den verschiedenen Möglichkeiten, die Sie in Córdoba beim Peso-Erwerb haben. Die erste Möglichkeit ist das Wechseln vom mitgebrachten Euro in die einheimische Währung. Wenn Sie am Flughafen ankommen, bietet es sich an, dies sofort dort zu erledigen. Das Taxi oder der Bus zur Unterkunft müssen schließlich bezahlt werden.

Überall in der Stadt verteilt gibt es die offiziellen „Casa de Cambio" (dt. Wechselbüros). Dort wird der offizielle Wechselkurs angewandt. In welches genau Sie gehen, können Sie davon abhängig machen, wo Sie sich aufhalten. Sie können Mitarbeiter Ihrer Unterkunft fragen oder im Internet die Adresse nachsehen.

Als eine weitere Möglichkeit zum Geldwechseln besteht das Aufsuchen einer Bank. Dabei kommt für Touristen die Banco Nacíon in Frage. Die anderen Banken bieten diesen Service nur für Ihre eigenen Klienten an.

Tipps:
- Reisepass bereithalten. Beim Wechsel wird nach Ihrem Reisepass gefragt und eine Kopie gemacht. Das ist normal und keine Extrabehandlung von ausländischen Touristen.
- Unter dem Link https://www.argentino.com.ar/cordoba-capital/casas+de+cambio findet sich eine Auflistung vieler Wechselbüros in Córdoba mit einer interaktiven Karte.

GELD ABHEBEN

Natürlich können Sie auch Geld am Automaten abheben. In Deutschland sollten Sie bereits mit Ihrer Bank abgeklärt haben, welche Automaten für Sie in Frage kommen. Wenn Ihre Bank mit argentinischen Filialen zusammenarbeitet, sollten Sie beachten, dass bei jeder Geldabhebung Gebühren einbehalten werden. Des Weiteren können Sie jedes Mal nur eine bestimmte Menge Geld abheben. Der Vorteil ist natürlich, dass Sie kein Bargeld in Euro mit sich herumtragen müssen. Allerdings kann es vorkommen, dass Ihre Kreditkarte vom Automaten nicht angenommen wird. Woran das liegt, ist nicht vorhersehbar. Deswegen rate ich Ihnen, mit genügend Bargeld nach Argentinien zu reisen.

INTERNATIONALER BARGELDTRANSFER

In Córdoba sind die Anbieter Azimo und Western Union aktiv. Hier können Sie sich aus dem Ausland Geld zuschicken lassen. Azimo verlangt eine Gebühr von 3€ pro Transfer. Das Geld kann in ausgewählten Wechselbüros der Stadt abgeholt werden. Western

Union arbeitet mit lokalen Partnern zusammen, wobei die Gebühren von verschiedenen Faktoren abhängen.

MIT BEKANNTEN GELD WECHSELN

Wenn Sie in Córdoba Bekannte oder Freunde haben, können Sie Ihnen anbieten, Ihre Euro gegen Peso zu tauschen. Euro sind eine sichere Anlage für Argentinier und werden oft dankbar angenommen.

BEZAHLEN

Barzahlen zahlt sich aus. In vielen Geschäften (ausgenommen große Geschäfte) wird das Bezahlen in Bar mit einer Reduzierung von 10% oder 20% belohnt. Da hilft es nachzufragen, falls es nicht ersichtlich ausgeschildert ist.

Ein anderer wichtiger Punkt beim Bezahlen sollte in kleineren Geschäften oder Ständen beachtet werden. Wenn möglich, sollten Sie so passend wie möglich zahlen. Wenn Sie sich eine Kleinigkeit für 24$ kaufen und einen 200$ Schein hinlegen, wird der Verkäufer Sie fragen, ob Sie es auch passend hätten. Der Hintergrund ist der, dass das Kleingeld in Argentinien so wenig wert ist. Wenn alle Kunden mit großen Scheinen bezahlen und Kleingeld verlangen, kommen die Verkäufer mit dem Wechselgeld nicht aus - und dafür haben die Argentinier in aller Regel auch Verständnis.

IN EURO BEZAHLEN

Sie haben Euro über und fragen sich, ob Sie auch damit bezahlen können? Fragen Sie ganz einfach nach. Gerade bei der Unterkunft kann dies eine Möglichkeit sein, über die sich die Betreiber freuen. Für die alltäglichen Sachen ist es aber geläufig, auf den Peso zurückzugreifen.

RÜCKREISE

Die Reise neigt sich dem Ende zu und Sie werden das Land bald verlassen. Sie sollten versuchen, so wenig Geld wie möglich übrig zu haben, das Sie wieder in Euro tauschen möchten. Das Zurückwechseln lohnt sich ausschließlich bei höheren Beträgen. Zum einen sind die Gebühren hoch und es ist nicht selbstverständlich, dass Sie beim Wechselbüro Ihrer Wahl Euro bekommen, und zum anderen ist der Wechselkurs in dieser Richtung von Peso auf Euro unvorteilhaft. Stattdessen könnten Sie darüber nachdenken, die ein oder andere Banknote oder Münze als Souvenir mitzunehmen.

Historische Wurzeln der Stadt

Ganz anders als in Europa ist es, wenn man nachverfolgen kann, wann eine Stadt wo aus welchen Gründen gegründet wurde. Sie war nicht einfach da, sondern wurde aus dem Boden – oder, wie im Falle Córdobas, aus der Pampa - gestampft. Ihre Geschichte kann bis ins 16.Jahrhundert zurückverfolgt werden.

GRÜNDUNG

Die Stadt Córdoba de la Nueva Andalucía, wenn man sie denn mit ihrem vollen Namen ansprechen möchte, wurde am 6. Juli 1573 durch Jerónimo Luis de Cabrera gegründet. Cabrera war ein Spanier der Reconquista, der sich bereits in vielerlei Hinsicht in der Eroberung der neuen Welt bewiesen hatte. Er wurde vom Vizekönig in Peru, der so gut wie alle spanischen Gebiete in Südamerika verwaltete, beauftragt, eine Stadt in der bereits erschlossenen Region Salta zu gründen. Diese Region liegt im heutigen Nordosten Argentiniens. Dies sollte auf sicherem Gebiet geschehen, aus dem indigene Völker bereits vertrieben worden waren. Cabrera widersetzte sich aber diesem Befehl und es entstand Córdoba. Eigentlich hätte diese Stadt weiter im Norden liegen müssen. Er irrte sich, indem er den großen Binnensee Mar del Plata für eine Einmündung des Atlantischen Ozeans hielt. Diese Tatsache hätte der von ihm gegründeten Stadt eine strategische Überlegenheit verliehen. Deswegen wählte er den heute bekannten Standort und benannte die Stadt kurzerhand nach der Heimat seiner Ehefrau. Und tatsächlich erinnert die Landschaft mit der Gebirgskette an die Stadt

Córdoba im südspanischen Andalusien. Lange blieb sein Alleingang aber nicht unbeachtet, sodass er 1574 auf Befehl des Gouverneurs von Túcuman verfolgt und zu Tode verurteilt wurde.

AUFBAU DER STADT

Erst existierte nur eine Festung, die nördlich des durch Córdoba fließenden Flusses Río Suquía im heutigen Stadtviertel Yapeyú lag. Dort, wo heute der zentrale Platz San Martin ist, war zu dieser Zeit noch Quisquisacate – eine Siedlung des indigenen Volkes der Comechingones. Erst nachdem diese vertrieben wurden, entstanden erste Stadtpläne und Bauten der Stadt, wie wir sie heute kennen. Als Zentrum wurde der Plaza San Martín angelegt. An diesem findet sich auch heute noch das historische Cabildo, das für die Legislative, Exekutive, Judikative und alle allgemein anfallenden Verwaltungs- und Planungsaufgaben in diesem kolonialen Gebiet von Bedeutung war. Um diesen zentralen Platz herum wurden die Häuser in Manzanas, also Häuserblöcken, gebaut. Die Manzanas, die dem Plaza San Martín am dichtesten waren, wurden von den zu dieser Zeit wichtigsten Bewohnern der Stadt beansprucht. Das heutige Stadtgebiet, das Departamento Capital, entspricht dem Gebiet der anfänglich errichteten Stadt. Diese war ursprünglich aufgeteilt in Wohngebiet, Flächen für die Landwirtschaft und solche für das Militär. Etwa 500 Einwohner hatte die Stadt Anfang des 17. Jahrhunderts.

KOLONIALGESCHICHTE

Die koloniale Vergangenheit Amerikas ist auch an Córdoba nicht vorbeigegangen. Erst kamen die Spanier im Zuge der Rekonquista, die die indigenen Völker vertrieben und auf der Suche nach Reichtum eigene Städte errichteten. In diesem Zusammenhang wurde Córdoba eine Zwischenstation zwischen der heute bolivianischen Stadt Potosí mit ihrem hohen Silbervorkommen und dem Hafen in Buenos Aires. Der Camino Real, eine wichtige Handelsstraße zum Sitz des Vizekönigs in Peru, verlief durch Córdoba. Als Zwischenstation im Binnenland wurde die Stadt zu einem wichtigen Dreh- und Angelpunkt für den Handel und Austausch. Ein anderer Teil der Kolonialgeschichte ist der der Sklaven, die aus Afrika nach ganz Amerika verschifft wurden. Auch hier ist Córdoba keine Ausnahme, wobei die Anzahl der Sklaven verglichen mit der anderer Kolonien eher niedrig war. Heute ist im Stadtbild wenig erkennbar, das an diesen Aspekt der Geschichte erinnert. Umso eindrücklicher ist die Ausstellung im Inneren des Cabildos, in dem historische Bilder, Dokumente und Gegenstände aus dieser Zeit zu sehen sind.

JESUITEN

Die Jesuiten nehmen eine zentrale Rolle in der Geschichte Córdobas ein. Ab 1599 siedelten sie in Córdoba mit der Aufgabe, die Bevölkerung zu missionieren, an. Die Einzigartigkeit ihrer Bauten wird seit der Erklärung der Manzana Jesuítica und anderer Ländereien in der Region um Córdoba zum UNESCO-Weltkulturerbe in besonderer Weise geschätzt. Bei der Manzana Jesuítica handelt es sich um einen Häuserblock im Zentrum der Stadt mit jesuitischen Bauten. Dazu gehört der Konvent Santa Teresa, welches heute ein Museum ist, in dem Kapelle, Sakristei und Krypta besichtigt werden können. Ursprünglich handelte es sich hierbei um ein Wohnhaus, das 1687 von den Jesuiten umgestaltet wurde. Auch in der Manzana Jesuítica gelegen ist die älteste Kirche Argentiniens, die Kirche Compañía de Jesús, die 1671 erbaut wurde. Ein Highlight ist der aus dem peruanischen Cuzco stammende Altar. Aus dem gleichen Jahr stammt auch die Kapelle, in der Architekturliebhaber die Kolonialarchitektur Argentiniens bestaunen können. Auch das Rektorat der staatlichen Universität Córdoba nimmt einen Platz in diesem historischen Häuserblock ein. Die Schule Colegio Convictorio de Nuestra Señora de Montserrat ist heute noch in Betrieb und wurde ebenfalls von den Jesuiten 1687 in der Manzana de los Jesuítas erbaut. Die Jesuiten residierten in diesen Bauten bis zu ihrer Vertreibung im Jahr 1767.

Geheimtipp: Auch in der näheren Umgebung der Großstadt Córdoba finden sich jesuitische Bauten, die von Bedeutung waren und bis heute noch erhalten sind. Es handelt sich um Kapellen und Landgüter, die zur Bildung neuer, kleinerer Städte führten. Ein Tagesausflug in diese Städte ist auch bei den Cordobesern beliebt, um dem stressigem Großstadtalltag zu entfliehen. Da sie in den Sierras de Córdoba, also im Gebirge, liegen und dennoch aus der Stadt gut zu erreichen sind, kommt man in diesen besonderen Orten auch der Natur der Region näher. Wenn Sie sich gerne einen Tag Zeit zur Besichtigung dieser schönen Orte nehmen möchten, empfehle ich Ihnen die Estancia in der Stadt Alta Gracia und die Estancia in der Stadt Jesús Maria.

UNIVERSITÄT

Sie ist die erste Universität des heutigen Argentiniens und die zweite in ganz Südamerika. Das ist die im Jahre 1613 durch die Jesuiten gegründete Universität Nacional de Córdoba. Durch ihre über 135.000 Studenten trägt sie maßgeblich zur Bezeichnung der Stadt als „La Docta" (dt. die Gelehrte) bei. Die

Gebäude sind über die ganze Stadt verteilt und somit auch die Studenten. Egal ob ursprünglicher oder Wahl-Cordobeser oder auch internationaler Student: Sie prägen das Stadtbild.

DIE UNABHÄNGIGKEIT

Das Ende der Kolonialzeit war mit Unabhängigkeitsbestrebungen, die Kriege mit sich brachten, eine prägende Zeit für alle Argentinier. Und das ist mit knapp 200 Jahren vergleichsweise noch gar nicht so lange her. Am 25. Mai 1810 wurde der Vizekönig abgesetzt und am 9. Juli 1816 das Land für endgültig vom spanischen König unabhängig erklärt. Beides sind nationale Feiertage.

Die Erlangung der Unabhängigkeit ist mit Denkmälern, Bauten und auch Straßennamen nach den damaligen Helden im zentralen Gedächtnis sehr stark vorhanden. Dabei sollte die blutige Seite der Unabhängigkeit nicht vergessen werden.

Die unterschiedlichen Vorstellungen der Neuorganisation nach dem Loslösen von der spanischen Krone führten nach den Unabhängigkeitskriegen zu weiteren Konflikten. Auf der einen Seite die

Unitarier aus Buenos Aires, die einen Zentralstaat mit Buenos Aires als Machtmonopol anstrebten, und auf der anderen Seit die Föderalisten, die einen losen Staatenbund forderten.

Córdoba gehörte zu den Regionen des Binnenlandes, die eine föderalistische Lösung forderten. Die Verabschiedung eines ersten Grundgesetztes nach den Vorstellungen der Unitarier 1819 löste einen Bürgerkrieg aus, der bis Mitte des Jahrhunderts andauerte.

Die Unabhängigkeit ist bis heute im allgemeinen Gedächtnis präsent. Zur Erinnerung an die 200. Jährung der Unabhängigkeit am 25. Mai 2010 wurde ein Platz mit dem Denkmal „Memoria del Bicentenario" eingerichtet. 200 Ringe aus Eisen mit einem Durchmesser von etwa 4 Metern stehen für 200 Jahre Unabhängigkeit. (Adresse: Zwischen dem Park Parque Sarmiento und dem Platz Plaza España, Av. Concepción Arenal)

Puntos Clave – Highlights

IN DER STADT CÓRDOBA

Die Catedral de Córdoba (dt. Kathedrale Córdobas) mit dem Namen Nuestra Señora de la Asunción im Herzen der Stadt ist die älteste Kirche Argentiniens, die als solche im Betrieb ist. Zusammen mit dem zentralen Platz Plaza San Martín wurde sie bei der Gründung der Stadt errichtet. Die innere und äußere Gestaltung steht unter Einflüssen des Barrock, des Klassizismus und der Kolonialarchitektur. (Adresse: Independencia 76, Córdoba)

In unmittelbarer Nähe der Kathedrale befindet

sich das Cabildo. Dieses stammt aus dem 17. Jahrhundert und diente in der Kolonialzeit als Regierungsgebäude. Es beherbergte außerdem die oberste Polizeiwache und ein Gefängnis. Heute ist es als Stadtmuseum für seine Besucher geöffnet. Es finden sich neben weiteren Ausstellungen auch zwei zur Kolonialzeit, die in Córdoba eher selten sind. Ebenso findet hier ein Konzertsaal Platz. (Adresse: Independencia 30)

Der Parque Sarmiento ist seit der Fertigstellung 1911 die größte Grünanlage in der Stadt. Durch ihre zentrale Lage lädt sie nicht nur zum Entspannen im Grünen ein. Auf dieser Fläche befinden sich das Naturwissenschaftsmuseum Museo de Ciencias Naturales und der Tierpark Zoológico Jardín de Córdoba. Auch ein Bauwerk von Gustav Eiffel, dem Architekten des Pariser Eiffelturms, findet sich hier. Es handelt sich um ein Riesenrad aus Eisen (Rueda de Eiffel), das bis in die 70er Jahre in Betrieb war. Aufgrund zahlreicher Mängel wurde es aus dem Betrieb genommen und ermöglicht seitdem als Sehenswürdigkeit einen Blick in die Vergangenheit. (Adresse: calle Sarmiento)

Im Herzen der Stadt, im Stadtteil Nueva

Córdoba, befindet sich mit dem Paseo del Buen Pastor ein beliebter Ort der Zusammenkunft und des Aufenthaltes. Hier finden sich zu jeder Zeit kleine Grüppchen oder Einzelpersonen, die genüsslich einen Mate trinken. Auf der 10.000m² großen Fläche befinden sich eine Kunstgalerie, ein Springbrunnen mit Lichtershow zu bestimmten Uhrzeiten und eine zum Verweilen einladende Außenfläche. Bis in die 1970er Jahre ging der Buen Pastor seiner Funktion als Frauengefängnis nach. (Adresse: Av. Hipólito Yrigoyen 325)

Zwischen der Kathedrale und dem Cabildo befindet sich die Straße Pasaje Santa Catalina. Dieser Ort hat eine vielschichtige Vergangenheit. Erst befand sich hier ein Friedhof. Am gleichen Ort siedelte dann die erste Fabrik Argentiniens zur Herstellung der Süßigkeit Alfajores an und von 1974 bis 1978 befand sich hier ein Zentrum für Haft während der Militärdiktatur. Fotos von Vermissten aus der damaligen Zeit hängen zwischen den Gebäuden und Informationstafeln machen diese Straße zu einem Ort der Erinnerung. Mehr zur Gewalt, der Folter und dem Verschwindenlassen während der Diktatur können Sie im Museo de la Memoria (dt. Museum der

Erinnerung) und in der Bibliothek erfahren, die beide den Menschen gewidmet sind, die an diesem Ort misshandelt wurden.

Die Manzana Jesuítica zählt seit dem Jahr 2000 zum UNESCO Weltkulturerbe. Um 1600 erbaut, beherbergt dieser Häuseblock ein Museum, eine Kapelle, Sakristei und Krypta. Mehr Informationen zur Manzana Jesuítica finden Sie im Kapitel zu den historischen Wurzeln (Adresse: Obispo Trejo 300-398).

Die Kirche Iglesia del Sagrado Corazón de Jesús, besser bekannt als Iglesia de los Capuchinos, ist eine Anfang des 20. Jahrhunderts erbaute Kirche im neogotischen Stil. Sie wurde von den Franziskanermönchen in Auftrag gegeben, die zu dieser Zeit in Córdoba mit der Aufgabe der Missionierung ankamen. Wegen der Kapuzen und Kappen, die die Mönche trugen, wurden sie auch Capuchinos genannt, wodurch die Kirche ihren inoffiziellen Namen erhielt. (Adresse: Buenos Aires 600-699, Córdoba)

Auch Museenliebhaber kommen in Córdoba auf ihre Kosten.

Das Museum Museo de Bellas Artes Evita beherbergt ausgewählte Gemälde, Zeichnungen, Gegenstände, Fotografien und Skulpturen vom 19.

Jahrhundert bis heute. Es befindet sich im eindrucksvollen Palacio Ferreyra, der zwar Anfang des 20. Jahrhunderts gebaut wurde, aber an den Klassizismus des 17. und 18. Jahrhunderts angelehnt ist. Hervorzuheben ist, dass alle Baumaterialien aus Europa dorthin verschifft wurden, um die Originalität zu wahren. (Adresse: Av. Hipólito Yrigoyen 511, am Platz Plaza España)

Das Museo de Bellas Artes Caraffa, benannt nach dem argentinischen Künstler Caraffa, befindet sich am Platz Plaza España im Parque Sarmiento. Als staatliches Museum dient es der Sammlung und Erhaltung der Werke von argentinischen Künstlern und macht diese der Bevölkerung zugänglich. Das Museumsgebäude ist im neoklassizistischen Stil erbaut mit neueren, kubischen Elementen. Die Architektur des Baus ermöglicht das Eindringen von Tageslicht bis in die inneren Ausstellungsräume. (Adresse: Av. Poeta Lugones 411, am Platz Plaza España im Parque Sarmiento)

Das Museo de Antropología beherbergt archäologische Sammlungen zum Leben der Bevölkerung vor der Kolonialisierung auf dem Gebiet des heutigen Argentiniens. (Adresse: Av. Hipólito Yrigoyen 174)

Geheimtipp: Auch in der Provinz Córdoba gibt es Museen zu entdecken.

Das Museo Rocsen (5 km von Nono entfernt) ist eine einzigartige Sammlung verschiedener Gegenstände aus den vergangenen Jahrhunderten. Sie sollen das Leben, den Alltag und das Denken der damaligen Zeit zugänglich machen.

In Mina Clavero können Sie das Haus besichtigen, in dem Che Guevara als Kind mit seiner Familie lebte. Fotos und Briefe sind den Besuchern zugänglich und geben einen Einblick in sein Leben.

Zum Flanieren lädt der Stadtteil Guemes ein. Er gilt als alternatives Viertel und befindet sich in der Nähe der Universität. Neben den Ausgehmöglichkeiten am Abend lädt der Fería de Artesanía, ein Markt für Handwerkskunst, von Freitag bis Sonntag ab 17 Uhr zum Erkunden ein. (Adresse: Belgrano 800,

Córdoba)

La Casa de Eiffel, ein Haus ganz aus Eisen: Neben dem Riesenrad im Park Parque Sarmiento ist dieses das zweite Werk von Gustav Eiffel in Córdoba. Es besteht ganz aus Eisen, wurde in Frankreich gebaut und seine Einzelteile im Jahr 1913/1914 an den jetzigen Standort im Stadtteil San Vicente transportiert. Heute ist es ein Museum. (Adresse: San Jerónimo 3346, Córdoba)

Es gibt viele Anbieter von Stadttouren in Córdoba. Mein Geheimtipp sind die Free-Walking-Touren. Zusammen mit einem Guide erkunden Sie zu Fuß die Stadt und haben die Möglichkeit, andere Reisende kennen zu lernen! Aktuelle Informationen zu den stattfindenden Rundgängen erhalten Sie in der Regel an der Rezeption Ihrer Unterkunft.

IN DER PROVINZ CÓRDOBA

Sierras Chicas bedeutet übersetzt kleines Gebirge. Dieses Gebiet fängt im Nordwesten der Stadt Córdoba an. Für Ausflüge in die Natur können der Berg Pan de Azúcar oder La Calera in Betracht gezogen werden. Auch der Ort Jesús María befindet sich dort. Hier findet jedes Jahr im Januar das Festival Nacional de Doma y Folklore, ein Folklore-Festival, statt. Somit ist die Stadt sowohl für das UNESCO-Weltkulturerbe der jesuitischen Bauten als auch für das international beliebte Festival bekannt.

Einen atemberaubenden Anblick bietet sich in den Sierras Grandes (dt. großes Gebirge). So wird das westliche Gebiet der Gebirgskette Sierras de Córdoba genannt. Hier befindet sich der Cerro Champaquí, der mit 2790 m der höchste Berg in der Provinz Córdoba ist.

Traslasierra bedeutet so viel wie „Hinter dem Gebirge". So heißt die westliche Region der Provinz Córdoba. Wandern und die Natur bestaunen können Sie hier in mehreren Naturreservaten. El Parque Nacional Quebrada del Condorito ist einer davon. Nur zu Fuß können die Felsen erreicht werden, in denen der Condor, ein großer Raubvogel, seine Nester bildet. Die Wanderung nimmt mit Hin- und Rückweg den ganzen Tag in Anspruch. Weitere schöne Wanderlandschaften sind die Reserva Hídrica Pampa de Achala und die Reserva Natural Chancaní.

Villa Carlos Paz ist eine Stadt am See Lago San Roque, der lange als größter künstlich angelegter See der Welt galt. Carlos Paz besticht durch seine Nähe zur Großstadt und ist sowohl bei regionalen als auch nationalen und internationalen Touristen beliebt. Diese Stadt erfährt im Sommer ihre Hochsaison und hat während dieser von Musical bis Wassersport Einiges zu bieten.

Valle de Punilla ist eines der vielen Täler in der Provinz Córdoba, in der man die Natur bestaunen kann. Es liegt in der Nähe zur Stadt Carlos Paz und ist deswegen gut zu erreichen. Auch aus Córdoba werden Tagesausflüge organisiert.

Villa General Belgrano ist das deutsche Dorf in den Bergen der Provinz Córdoba. Geprägt durch den Einfluss der deutschen Einwanderer, finden sich hier Almhütten und andere Besonderheiten, die diesen Ort zu einem beliebten Ausflugsziel machen. Jedes Jahr wird hier das Oktoberfest gefeiert.

Camino de las Estancias Jesuíticas ist die Straße

der jesuitischen Bauten, auf der sich sechs Bauten aus der Zeit zwischen 1616 und 1725 finden lassen. Zusammen mit der Manzana Jesuítica, die sich in der Stadt Córdoba befindet, wurden diese im Jahr 2000 zum UNESCO-Weltkulturerbe erklärt und können in Caroya, Jesús María, Santa Catalina, Alta Gracia und La Candelaria besichtigt werden. Der Bau in San Ignacia hingegen ist nicht mehr erhalten. Große Höfe und eindrucksvolle Kolonialarchitektur mitten in den Bergen - das ist es, was diese Orte gemeinsam haben.

Der Cerro Colorado ist ein Hügel, der atemberaubende Einblicke in die Vergangenheit der indigenen Bevölkerung bietet. Er liegt etwa 160 km von der Stadt Córdoba entfernt und war ein Ort der Niederlassung bis zur Vertreibung Anfang des 20. Jahrhunderts. Heute nachkonstruiert, lassen sich Häuser besichtigen, die den Besuchern das Leben der indigenen Bevölkerung näherbringen. Unvergesslich sind die Felsbemalungen, die als Besucher hautnah besichtigt werden können. Sie stellen verschiedene Szenen aus dem Alltag der Menschen dar. Die felsige Erhebung im ansonsten eher flachen Land lässt sich mit festem Schuhwerk besteigen.

Laguna Mar Chiquita (dt. kleines Meer) ist nicht, wie der Name andeutet, ein Meer, sondern der größte See Argentiniens. Nach dem Titicaca-See ist es der zweitgrößte Südamerikas. Am Südufer dieses salzhaltigen Sees liegt der Badeort Miramar. Viele Zugvögel machen hier Halt, wenn sie entweder von der Arktis nach Patagonien oder wieder zurückfliegen. Flamingos residieren hier das ganze Jahr über.

Im Ort Cosquín findet jedes Jahr im Februar das Cosquín Rock statt. Dieses Rockspektakel geht über mehrere Tage und zieht Besucher aus der ganzen Welt an. Aber auch sonst ist diese Stadt in den Bergen um Córdoba einen Besuch wert und sogar mit dem Tren de las Sierras zu erreichen. Die Fahrt geht mitten durch das Gebirge und verbindet Córdoba mit Cosquín, wobei mehrere Zwischenhalte stattfinden. Mehr zu dieser Zugfahrt durchs Gebirge finden Sie im Kapitel zum Verkehrsmittel Zug!

Kultur

LOMITOS UND CRIOLLITOS – KÖSTLICHE LECKERBISSEN

Die Esskultur gehört selbstverständlich an den Anfang des Kulturabschnitts dieses Reiseführers. Tatsächlich wird auch in Córdoba, wie in ganz Argentinien, viel Fleisch verzehrt. Die klassische Grillzeremonie, der Asado, wird von Groß und Klein geliebt. Hier kommen Rippchen, verschiedene Delikatessen aus Innereien und Blutwurst auf den Tisch. Als Beilage ist Salat zu empfehlen.

Die Wurstspezialität Chorizo, die auch beim Asado serviert wird, wird alternativ im Brot als Choripán gegessen. Es ähnelt vom Aussehen her einem

Hotdog.

Pizza und Schnitzel sind ebenfalls sehr beliebte Gerichte und weichen in der Zubereitung leicht von der gewohnten Weise ab. Insofern sind sie es wert probiert zu werden, auch wenn sie sich nicht spektakulär anhören.

Die Spezialität Córdobas, die sich in anderen Teilen Argentiniens nicht so leicht finden lässt, ist das Lomito. Es handelt sich hierbei um ein dünnes Steakfleisch, das mit Schinken, Käse, Spiegelei, Salatblättern, Tomaten und meist hausgemachter Mayonnaise in einem weichen Brot serviert wird. Neben dieser klassischen Variante existieren weitere Variationen, darunter eine mit Hähnchenfleisch.

Lomitería werden die Lokale genannt, die sich auf Lomitos spezialisieren. Plan B und Betos sind zwei Lomitería-Ketten, die in der Stadt zu finden sind. Ich empfehle Lomiterías, die Sitzplätze anbieten. Bei diesen können Sie davon ausgehen, dass qualitativ hochwertige Zutaten verwendet werden. Eine ganz besondere Lomitería ist El Carro de Mario. Dieses Lokal besteht seit 1986 und ist kein Franchise (Adresse: Av. Rafael Nuñez 6394). In der Innenstadt gibt es Imbisswägen, die u.a. Lomitos anbieten. Von diesen zu kaufen, würde ich Ihnen abraten. Der Grund ist, dass Sie als Reisender nicht die Zeit haben, um sich durchzuprobieren und einen Verkäufer des Vertrauens zu finden.

Tipps für einen Cafébesuch:

- Das Café Amado Club de Té zeichnet sich durch eine große Auswahl an regionalen und internationalen Teespezialitäten aus. Hausgemachte Leckereien runden das Angebot ab. (Adresse: 25 de mayo 1129, Córdoba)
- La Casa del Portón Rojo ist ein Café in einem stilvoll aufbereiteten, antiken Haus. Neben einer Auswahl an Tees, gibt es eine Tapasbar. Hier wird alles liebevoll vor Ort zubereitet. (Adresse: 25 de Mayo 971)
- Coffee & tea bietet eine große Auswahl an Kaffespezialitäten mit Bohnen aus verschiedenen Winkeln der Erde. (Adresse: Rivadavia 86, Córdoba)

Als „merienda" wird die kleine Mahlzeit am Nachmittag zwischen Mittag und dem (meist sehr späten) Abendessen bezeichnet. Nehmen auch Sie sich die

Zeit, setzen sich hin und bestellen Sie sich eine Kleinigkeit, wenn Sie in den Rhythmus der Cordobeser eintauchen möchten. Dazu gehört ein warmes Getränk, wie Tee, Kaffee oder Mate, und eine Kleinigkeit zu essen. Meistens handelt es sich um Gebäck. Die Spezialität Córdobas sind die Criollitos. Das sind Häppchen aus Blätterteig, die gerne mit Butter oder Dulce de Leche bestrichen werden. Dulce de Leche ist ein in ganz Argentinien beliebter, süßer Aufstrich, der aus Milcherzeugnissen gewonnen wird. Kleine Croissants heißen medialuna (dt. Halbmond). Unbedingt probieren und am besten mit Käse und/oder Schinken toasten lassen! Süßes wird auch an diesem Zipfel der Erde geliebt. Außer Dulce de Leche und Criollitos haben Alfajores hohes Suchtpotenzial! Das sind verschiedene Teig-/Keksschichten mit Dulce de Leche dazwischen.

Egal ob rot oder weiß, die argentinischen Weine haben Einiges zu bieten. Zum Essen erfreut sich der Wein großer Beliebtheit. Unerwartet hoch ist hingegen der Konsum von Softgetränken, wobei sich die klassische Cola der meisten Beliebtheit erfreut.

Grundsätzlich gibt es aber eine große Auswahl an Getränken und auch Wasser. An dieser Stelle darf

Fernet bzw. Fernet con coca (dt. Fernet mit Cola) nicht unerwähnt bleiben. Der Alkohol Fernet wird dafür als Longdrink mit Cola gemischt und gilt als der Klassiker unter den starken alkoholischen Getränken.

Eine große Auswahl an Gastronomie bieten die Stadtviertel Güemes, General Paz, Cerro de las Rosas und La Cañada.

DIE CUARTETO MUSIK

Cuarteto ist das Herzstück der cordobeser Musik. Geprägt von den spanischen und italienischen Wurzeln der ersten Cuarteto-Musiker, ist es bis heute der ganze musikalische Stolz dieser Stadt, der bis über die Grenzen der Region und sogar Argentiniens hinaus bekannt ist. Ursprünglich mit vier Instrumenten gespielt, basiert der Rhythmus auf einem Paso Doble. Bei den Musikinstrumenten handelt es sich um ein Akkordeon, Piano, Bass und Violine. Der Name Cuarteto bedeutet „Quartett" und wird von der ersten Cuarteto-Gruppe abgeleitet, die vier Mitglieder hatte.

Die Stadt hat einige große Namen des Cuarteto hervorgebracht. Zu den bekanntesten zählen La Mona Jimenez (auch nur La Mona genannt) und Rodrigo Bueno, die auch auf nationalem Niveau bekannt sind. Diese beiden Musiker sind auch für den Kult um Ihre Person bekannt. Der inzwischen fast 70-jährige La Mona ist weiterhin musikalisch aktiv und tritt auf Bailes auf. Diese sind Cuarteto-Konzerte der Musiker, bei denen ausgiebig getanzt wird. Vor jedem seiner Auftritte warten Fans vor seinem Haus und hoffen auf ein Foto. La Mona hat dieses Prozedere ritualisiert und geht auf die Wünsche seiner Fans ein. Im kollektiven Gedächtnis der Stadt ist auch Rodrigo Bueno präsent, obwohl er 2000 verstarb.

Außer diesen beiden Kult-Musikern gibt es weitere Gruppen, die Cuarteto-Musik spielen und auf Bailes auftreten. Zu den beliebtesten zählen Chébere, la Barra und Tru-la-lá. Aber: Cuarteto-Liebhaber bedeutet nicht gleich Cuarteto-Liebhaber. Während einige auf Veranstaltungen verschiedener Künstler gehen, bleiben andere nur dem Einen - La Mona - treu.

NACHTLEBEN

Wenn ein langer Tag voller Sightseeing zu Ende geht, rufen die Straßen Nueva Córdobas die Besucher Stadt zu sich. Dieses Gebiet, das die Studenten tagsüber für ihre Vorlesungen und Seminare besuchen, streift sich bei Sonnenuntergang ein Glitzerkleid über und wird zum Mittelpunkt des Nachtlebens. Nueva Córdoba - oder übersetzt: Neu-Córdoba - grenzt südlich an das Zentrum an und ist das Stadtviertel mit der höchsten Bevölkerungsdichte. Gleichzeitig bietet es Geschäften des Einzelhandels und Unternehmen des Mittelstandes Platz. Das mag vielen Besuchern nicht bewusst sein, die ihren Fokus abends - oder besser nachts - auf die zahlreichen Bars und Diskotheken legen. Ich möchte an dieser Stelle genau sein und keine Missverständnisse aufkommen lassen, wenn vom Nachtleben gesprochen wird. Dieses spielt sich im Vergleich zu dem, das Sie aus Deutschland gewohnt sein mögen, sehr viel später ab. Da zwischen 20 und 22 Uhr abends recht spät und üppig gegessen wird, beginnt alles andere danach auch dementsprechend spät.

Bars

Barliebhaber werden in Córdoba auf ihre Kosten kommen. Dazu halten Sie am besten im Stadtteil Nueva Córdoba oder im daran anschließenden Szeneviertel Guemes Ausschau. Die Bandbreite an verschiedenen Bars lässt für sich sprechen. Oft wird dieser Teil der Stadt mit Palermo, dem Ausgehviertel der Stadt Buenos Aires, verglichen. Der Vorteil von Córdoba: Alles liegt näher beieinander, weil die Fläche kleiner ist!

Drei Tipps für einen Barbesuch

- Mariamaria – Kultbar und Club mit Livemusik ab 2 Uhr. Das Mariamaria ist auch an Mittwochabenden geöffnet und hochfrequentiert. (Adresse: Av Marcelo T. de Alvear, Córdoba)
- Temple Bar – Bar mit Gastronomie. Die Temple Bar verfügt über einen Innen- und einen großen Außenbereich. (Adresse: Calle Dr Achaval Rodriguez 241, Córdoba)
- Chicago – Bar mit Gastronomie im amerikanischen Stil mit Livemusik. Hier kommen Jazzliebhaber auf ihre Kosten. (Adresse: Calle Gral Fructuoso Rivera 262, Córdoba)

Previa und After

Es ist nicht unüblich, dass sich Cordobeser trotz der großen Auswahl an Bars und Gastronomie zu einer Previa, dem gemeinsamen Vorglühen, in einem Haus versammeln. Dabei lassen sie sich gerne Zeit und gehen erst los, wenn in Deutschland schon im Club getanzt wird. Falls Sie also am späten Abend oder gegen Mitternacht an den Bars und Clubs vorbeiziehen und das Gefühl haben, hier sei doch nichts los, sollten Sie sich noch etwas gedulden.

Gegen 2 Uhr ist das Nachtleben dann in vollem Gange, sodass Ihre anfänglichen Zweifel beiseite geschaffen werden. Egal ob Cachenge, Eletro oder Baile (dazu gleich mehr): In dieser Stadt wird getanzt. Wenn Sie auch gerne tanzen gehen, sollten Sie diese Möglichkeit, in das lateinamerikanische Nachtleben einzutauchen, nicht verpassen. Für die ultimative Erfahrung, wie sie in Cordoba gerne gelebt wird, endet die Nacht bei einem After - einer Fortsetzung der Feier in den frühen Morgenstunden bei jemandem zu Hause.

Clubmäßig hat die Stadt viel zu bieten. Das mag auch ihrer Größe geschuldet sein. Viele Clubs befinden sich in Nueva Córdoba, dem Zentrum des

Nachtlebens. Aber auch außerhalb dieses Gebietes gibt es Clubs. Getanzt wird überwiegend zu Cumbia oder Reggeaton. Beide Musikrichtungen sind bekannt für den spanischsprachigen Raum. Partys, auf denen zu Cumbia und Reaggeaton getanzt wird, werden als Cachenge bezeichnet. In Abgrenzung dazu gibt es die Feiern, bei denen elektronische Musik gespielt wird, und den Baile, auf dem zu Cuarteto getanzt wird.

Unter Cachenge wird Musik zum Feiern der Richtung Cumbia und Reggeaton bezeichnet. Das ist Musik zu spanischen Rhythmen, die in den meisten Clubs aufgelegt und zu der gerne getanzt wird.

Ein besonderer Nachtclub ist das Bartó. Es gilt als gehobeneres Ambiente und ist einer der bekanntesten Nachtclubs. (Adresse: Av. Marcelo T. de Alvear 635)

La Barra Boliche verfügt über drei Tanzflächen, auf denen Cachenge, Elektro, Pop, Cuarteto und alles, worauf getanzt werden kann, aufgelegt wird. Der Club bietet Platz für bis zu 2000 Besucher. (Adresse: Lima 152)

Baile

Der Baile bietet in Córdoba eine Alternative zu den klassischen Diskotheken, in denen Cumbia und Reggaeton oder Elektro gespielt wird. Hier finden die Live-Auftritte der Cuarteto-Musiker statt. Übersetzt bedeutet Baile „Tanz" und ist eine Veranstaltung, die in Córdoba ihren Ursprung hat. Die Besucher sind größtenteils Einheimische, die regelmäßig, wenn nicht sogar wöchentlich, Bailes besuchen. Der bekannteste Veranstaltungsort ist der Saal Sargento Sagral in der gleichnamigen Straße im Stadtteil San Vicente. Dieser gehört La Mona Jimenez. In diesem Gebäude, dessen Fassaden auffällig bemalt sind, finden seine Auftritte statt. Für Touristen ist der Besuch eines Bailes eine einmalige Erfahrung, die er nur in Córdoba machen kann. Jedoch sind ausländische Touristen bei diesen Veranstaltungen eher die Ausnahme.

Es kann für unerfahrene Besucher schwierig sein, die Situationen während einer solchen Veranstaltung zu überblicken. Wenn Sie während Ihres Aufenthalts einen Baile besuchen möchten, sollten Sie dies im besten Fall in Begleitung eines Einheimischen tun oder sich vorher ausgiebig informieren.

Dazu können Sie Mitarbeiter Ihrer Unterkunft nach Erfahrungen und möglichen Veranstaltungen, die sich für Sie als Tourist anbieten würden, fragen.

Das Ende der Reise

Wenn die Reise dem Ende zuneigt, ist das die beste Gelegenheit, die schönsten Erinnerungen Revue passieren zu lassen. Ich hoffe, dass Sie viele Schönheiten Córdobas entdecken konnten und einen Koffer voller Erinnerungen zurück nach Hause mitnehmen. Vielleicht haben Sie diesen Fleck auf der anderen Seite der Erde so sehr ins Herz schließen können wie ich. Wenn Sie vor der Abreise noch letzte ungenutzte Kilo im Gepäck haben, möchte ich Ihnen hier zum Abschluss einige Vorschläge machen, wie Sie diese sinnvoll füllen können.

SOUVENIRS

Argentinien ist das Land, aus dem ich meine schönsten Souvenirs mitgebracht habe. Hier möchte ich Sie auf einige originelle Möglichkeiten aufmerksam machen. Ein Teil davon ist spezifisch für die Region von Córdoba oder angrenzende Regionen.

Egal ob aus Calabaza (Kürbis), Holz, Keramik oder Metall: zusammen mit einer Bombilla ist der Mate-Becher das klassische Mitbringsel aus Argentinien. Er wird in vielen verschiedenen Anfertigungen angeboten. Falls Sie den Meta-Tee oder Téréré während Ihrer Reise lieben gelernt haben, darf natürlich auch etwas Yerba (Mateblätter, aus denen der Tee gebrüht wird) nicht fehlen.

Calavaza ist der Kürbis, aus dem nicht nur Mate-Becher, sondern auch andere kleine Gegenstände handwerklich hergestellt werden. Das kann zum Beispiel ein Behälter für Küchengewürze sein.

Leder wird in vielen verschiedenen Produkten verarbeitet. Dazu gehören Geldbörsen, Taschen, Gürtel, Handschuhe und viele mehr.

Lamas sind bekannt für Argentinien, in Córdoba aber eher weniger anzutreffen. Dennoch werden aus ihrer Wolle verschiedene Kleidungsstücke, wie

Schals oder Pullover, hergestellt.

Was gibt es Originelleres als regionale Handwerkskunst? Auf der fería de artesanía, die freitags bis sonntags ab 17 Uhr im Stadtteil Guemes öffnet, werden viele verschiedene handwerklich hergestellte Gegenstände, Kunst und Schmuck angeboten. Wer beim Reisen nebenbei nach Souvenirs Ausschau gehalten, aber nichts gefunden hatte, wird hier möglicherweise glücklich.

Wenn Geld am Ende der Reise überbleibt, muss es nicht gleich in Euro zurückgetauscht werden. Das lohnt sich bei kleineren Mengen auch gar nicht. Stattdessen können die Geldscheine oder die Münzen als Erinnerungsstücke mit nach Hause genommen werden. Beim Erzählen der Erlebnisse können diese dann herausgeholt werden. Dazu muss gesagt werden, dass die Münzen mit der Sonne auf der Rückseite auch ästhetisch gut herhalten.

Herstellung und Verlag:

BoD – Books on Demand, Norderstedt

ISBN: 9783751924573

© Anna Lehmann 2020

1. Auflage

Kontakt: Psiana eCom UG/ Berumer Str. 44/ 26844 Jemgum

Covergestaltung: Fenna Larsson

Coverfoto: depositphotos.com